Norbert Golluch
Stano Kochan

Das fröhliche Lehrerhasserbuch

Eichborn Verlag

CIP-Titelaufnahme der Deutschen Bibliothek

Golluch, Norbert:
Das fröhliche Lehrerhasser-Buch / Norbert Golluch ; Stano Kochan. – Frankfurt am Main : Eichborn, 1990
ISBN 3-8218-2172-8

Cover: Stano Kochan
Gesamtherstellung: Fuldaer Verlagsanstalt GmbH.
ISBN 3-8218-2173-6.
Verlagsverzeichnis schickt gern:
Eichborn Verlag, D-6000 Frankfurt 70

INHALT

Haß – von Kindesbeinen an!

Um es gleich klar zu sagen: Lehrer sind überflüssig.
Alles für die Praxis wirklich Wichtige, die großen Dinge des Lebens sozusagen, lernen Schüler nämlich ganz von allein:

- Hamburger essen
- einen Videorecorder bedienen
- neue Schüler herstellen

Jeder weitere Lerninhalt ist Zeitverschwendung. Basta.

Dennoch blasen sich Lehrer auf wie die Ochsenfrösche, wo sie nur können. Beginnen wir dieses Buch gleich mit einem schlagenden Beispiel:

Frage: »Was ist der Unterschied zwischen **Gott** und einem **Lehrer**?« (Antwort: Gott weiß alles, der Lehrer weiß alles besser!)

Welche Antwort erhalten Sie, wenn Sie einem Lehrer diese Frage stellen? Ganz klar:

»Unterschied? Ich seh' da keinen Unterschied!« – Typisch! Symptomatisch!

Eine andere Frage zum Thema Lehrerhaß: Woran denken Sie, wenn Sie das Wort »Lehrer« hören und eine Weile in die finsteren Katakomben Ihres Unterbewußtseins hineinlauschen?

Richtig. Wir auch.

Aber – Sie werden verstehen – das können wir hier nicht niederschreiben. Bleiben wir lieber auf dem Teppichboden der Zivilisation. Doch auch hier kommen die Gefühle der aggressiven Art ganz schön in Wallung, wenn es um Schulmeister geht.

Also noch eine Frage, die einiges klarstellt: Fallen auch Ihnen im Zusammenhang mit »Lehrer« Adjektive ein wie: überheblich, arrogant, angeberisch, hinterhältig, selbstherrlich, hochmütig, eingebildet, blasiert, herablassend, selbstzufrieden, anmaßend, vermessen, hybrid, despotisch, tyrannisch, dumm, idiotisch, dämlich, bescheuert, behämmert, unterbelichtet, vertrottelt, ignorant, halbgebildet, ungerecht, bestechlich, verlogen, betrügerisch?

Sicher sind Lehrer nicht umsonst die bestgehaßte Menschengruppe überhaupt. Niemand wird so glühend, nachhaltig, ausdauernd, inbrünstig und zugleich zu Recht gehaßt wie die Pädagogen jedweder Schattierung.

Die Grundschullehrerin zieht sich den ersten, sozusagen taufrischen Haß der Erstkläßler zu, weil sie den einen sechsjährigen Casanova wegen seiner Blumenkohlohren oder seiner Hasenzähne »einfach zu niedlich findet«, dem anderen wegen seiner Jugend ihre Zuneigung oder gar die Ehe verweigert. Das verzeihen ihr ihre beiden Schüler nie – auch wenn der Zahn der Zeit noch so lange nagt.

Durch ein ganzes Schülerleben – dreizehn, manchmal gar vierzehn oder fünfzehn Jahre, je nach der Zahl der Parkschleifen – zieht sich Haß. Hauptschüler hassen ihre klugscheißerischen Mathelehrer für die endlosen Quälereien mit Formeln, die sie später, als KFZ-Mechaniker, doch nie brauchen werden, und möchten ihnen am liebsten das ganze besch... Buch hinten rein...

Schüler der gymnasialen Mittelstufe plagt ein unbändiger, nicht mehr zu versprachlichender Sprachlehrerhaß – der Vokabelfolter wegen. Finstere Bilder des Mittelalters steigen auf – Lehrer, die unter Verlesung end- und sinnloser Vokabelreihen gnadenlos gevierteilt, gesteinigt, aufs Rad geflochten werden.

Die Damen und Herren der Oberstufe hassen ihre »Leitbilder« aus höherstehenden Gründen, so glauben sie zumindest – entweder aus verschmähter Liebe oder weil sie ihnen mit völlig ungerechten Zensuren den Numerus Clausus – und damit die spätere glänzende Zukunft als Zahnarzt oder Betriebswirtschaftlerin verbauen. Zudem sind sie sauer, daß die Damen und Herren Studienräte viel ätzender ironisch sein können als sie selbst.

Nach dem Abitur transzendiert der Haß auf eine höhere Stufe (also doch mehr als dreizehn oder vierzehn Jahre Lehrerhaß!) – aus gewöhnlichem Lehrerhaß wird Hochschullehrerhaß – akademischer Dozenten- und Professorenhaß sozusagen. Doch das würde jetzt zu weit führen. Belassen wir es in diesem Buch bei dem gewöhnlichen Feld-Wald- und Wiesen-Lehrerhaß – es wird keinen Mangel an Stoff geben.

Alles perverse Monster – Lehrer ohne Maske

Daß Menschen freiwillig – d. h. ohne jeden Zwang und womöglich gar noch mit Spaß – lernen, gehört für Lehrer in den Bereich der Märchen und Sagen. Zwar müssen sie auf Peitschen, glühende Eisen, Zangen und Daumenschrauben unterdessen glücklicherweise verzichten, doch arbeiten viele von ihnen effizient daran, sich neue Tricks für ihren eigenen psychologischen Folterkeller zu basteln. Erkenntnis, die ohne

unmenschliche Leiden erworben wurde, ist nämlich nichts – oder zumindest so gut wie nichts – wert. Alles Kindereien.

So zücken Lehrer – selbstverständlich zum besten ihrer Zöglinge – ihre Folterinstrumente, sobald sie mit der Wissensvermittlung beginnen. Da werden Versagensängste geschürt, Konkurrenzsituationen geschaffen, Termindrücke aufgebaut, endlose Zweifel am Wert der eigenen Gedanken gehegt. Ironie, Sarkasmus, zynische Randbemerkungen – alles Mittel, den Schüler zu motivieren und seine naturgegebene Aufsässigkeit zu brechen. Erst wenn sich die »Beschulten« in eine Ordnung fügen können – welche, weiß natürlich der Lehrer am besten – erst dann wachsen sie zu wahrer menschlicher Größe empor.

Wahre menschliche Größe – das ist: Immer etwas kleiner als der Lehrer. Das ist allerdings meist ziemlich schwierig zu bewerkstelligen.

Nichts als Tarnung – Lehrertypen, und was dahintersteckt

Mal ehrlich – trauen Sie einem Lehrer? Haben Sie nie Ihre Zweifel gehabt, ob hinter der antrainierten beruflichen Biedermann- oder Kuschelbären-Rolle nicht in Wirklichkeit ein feuerspeiender Drache, ein geiferndes Ungeheuer oder eine hinterlistige Schlange lauert? Ist nicht auch bei Ihnen stets ein letzter Rest gesundes Mißtrauen geblieben, das Sie gewarnt, ja manchmal alarmiert hat? Solchermaßen vorbereitet dürfen Sie nun feststellen, daß unsere Einschätzung der unterschiedlichen Lehrertypen eigentlich voll Ihren eigenen Erwartungen an diese fragwürdige Zunft entsprechen. Lehrer als Art im Ganzen betrachtet sind nämlich wie Chamäleons – nur viel wandlungsfähiger – und viel gefährlicher! Lassen Sie sich nicht täuschen – alle haben nur eines im Sinn – Schüler fertigzumachen – und das möglichst bequem.

Der Gefährlich-Sanfte foltert abends seinen Kanarienvogel, frißt lebende Goldfische, guckt dazu »Dallas«, um von J.R. das satanische Grinsen zu erlernen und ist Mitglied in der ADAC-Macho-Fraktion. Vor dem Schlafengehen übt er den Würgegriff mit seinen Sockenhaltern, und in seinen Träumen ist er der Terminator – im Dienste des Bundesministeriums für Erziehung rottet er aufsässige Schüler aus. Dennoch braucht er die Stunden in der Schule für sein seelisches Gleichgewicht, um Aggressionen abzubauen und so. Sich in seelischen Schmerzen windende junge Menschen, die brechenden Auges in eine ungewisse Zukunft voller Leiden sehen . . .

Die Korrekte hat zu Hause den reinsten Affenstall, verwendet ausschließlich Möbel von der Müllkippe, züchtet Champignons auf dem Wohnzimmerteppich und muß sich morgens mit der Machete einen Weg durch den Küchenabfall zur Ausgangstür schlagen. Niemand – d.h. kein einziger Schüler –

hat bisher ihre Wohnung betreten, doch ihr Verhältnis zu den Kollegen ist ein sehr Intimes: Abends suhlt sie sich insgeheim mit dem Schulleiter im privat-rustikalen Schlammbad in der Badewanne.

Die Verständige heuchelt Betroffenheit, um ihre Schüler und Schülerinnen besser aushorchen und in die Pfanne hauen zu können. Erst ist sie das sanft und voller Verständnis lauschende Riesenohr, dann wird sie zur rücksichtslosen Folterzange.

Der Forsch-Jugendliche zwingt sich jeden Morgen in Jeans und Turnschuhe und hört Hip-Hop und Heavy Metal, um nicht out zu sein. Zwar kriegt er von derartiger Musik Magenkrämpfe und allergischen Ausschlag wer weiß wo, aber er ist ein Mann der Jugend und hält verbissen durch. Was wundert es, wenn er auch die letzten Tratschgeschichten aus »BRAVO« draufhat und genau weiß, die wievielte Nase Michael Jackson dieses Jahr trägt. Dabei träumt er einzig und allein davon, noch ein einziges Mal in seinem Leben in Anzug und Krawatte zur Schule gehen zu dürfen, ohne gleich zum Tattergreis erklärt zu werden.

Der Wüstenrot-Fanatiker denkt an Grundstückspreise, Hohlblocksteine, Regenrinnen, Bodenfliesen und Firsthauben für sein Eigenheim – er weilt geistig sozusagen ständig in einer Baustoffhandlung und verschwendet in keiner Weise Gedanken an seine Arbeit. Schüler, die ihn stören (und alles, jede noch so kleine Äußerung ist eine Störung) macht er fertig – schließlich verfolgt er höhere Ziele als läppische Erziehung – sein Bauvorhaben fordert einen ganzen Mann.

Der Bärentöter macht auf markig-heldenhaft und kehrt die edlen Mannestugenden heraus. Dahinter steckt ein verschüchterter Hasenfuß, der zu wissen glaubt, daß die Schule ein einziger verzweifelter Kampf ums Dasein ist: er oder ich!

Einmal angegriffen, wählt er deshalb nur pädagogische Maßnahmen der großkalibrigen Art und versucht, den

Bären... pardon, den Schüler, mit einem einzigen Schuß zur Strecke zu bringen! »Gleich zwischen die Augen!« ist sein Wahlspruch. »Nur ein toter Schüler ist ein guter Schüler!«

Der Müsli-Fresser lebt seelisch noch in magischen Zusammenhängen. Wenn er seine ausdauernde Beschwörungstätigkeit auch nur für Minuten unterbräche, einmal nicht von Makrobiotik, Vollwerternährung, den Risiken der denaturierten Nahrung und den immer größer werdenden Schadstoffbelastungen spräche, dann... dann... Vermutlich bräche dann das große Chaos über ihn ganz persönlich herein. Er fürchtet jedenfalls ständig, etwas könne seiner Gesundheit schaden, und vor allem die Schüler greifen sein Wohlbefinden an. Deshalb wird er zur Furie, wenn ihn jemand in seinem endlosen Sermon unterbricht.

Die Fatalistin tut so, als habe sie aufgegeben. Der Schulalltag scheint sie nur noch anzuöden, resigniert übersieht sie Störungen und schlechte Leistungen – glauben die Schwachsinnigen unter den Schülern. In Wirklichkeit steht sie knallhart auf Leistung – spätestens beim Zeugnis wachen auch die auf, die geglaubt haben, ihr sei alles egal.

Der Schlafwandler erweckt den Eindruck, morgens nicht recht aus dem Schlaf gekommen zu sein – doch hinter dem Bild des verschlafenen Schlaffis lauert ein Monster – kalt, berechnend, nachtragend. Wehe, wer ihn unterschätzt!

Die linke Chaotin klopft revolutionäre Sprüche, um ihre Schüler und Schülerinnen aus der Reserve zu locken und die rechten Reaktionäre zu entlarven. Haben alle Mitglieder der Jungen Union und alle Jung-Republikaner die Maske fallen lassen, schlägt sie zu – unerbittlich. Schließlich geht es um den Sieg der Arbeiterklasse.

Der Altpädagoge schwafelt was von Julius Langbehn, Pestalozzi, Maria Montessori, musischer Erziehung oder Heimann/Otto/Schulz. Sein salbungsvolles Geseire lullt oft auch den aufgewecktesten Schüler ein, doch es gibt ein böses Erwachen. Seine Erziehungsmaßnahmen sind ebenso antiquiert wie sein Gerede.

Der Fachidiot versteckt sich und seine perversen Gelüste hinter überzogener Kennerschaft und der scheinbaren Überlegenheit des Experten. Auch er will nur eines: Schüler quälen. Im Geiste sieht der Chemielehrer seine bestgehaßten Lieblinge über dem Bunsenbrenner rösten, und die Mathematik-Lehrerin mit dem eiskalten Blick hinter der

Schmetterlingsbrille fantasiert von ganzen Schüler-Cliquen, die sie eigenhändig mit spitzen Wurzel-Zeichen durchbohrt ...

Das Lehrerstandbild steht ungerührt in den tosenden Wogen der wild aufgepeitschten Schülersee. Kein »Motherfucker!« scheint ihn zu erreichen, kein dummer Scherz zeigt Wirkung. Doch Vorsicht! In seinem Innern registriert er alles

– wie eine Videokamera zeichnet er jede Verfehlung und Schandtat auf, und eines Tages rührt er sich auf seinem Sockel und rechnet ab . . .

Der aufrechte Mann treibt sein Unwesen hinter der Maske der Redlichkeit. Er ist immer korrekt, tut in den Augen der Öffentlichkeit stets nur das, was er moralisch für vertretbar hält. Bestechlich ist er nicht – es sei denn ohne Zeugen, unter vier Augen . . .

Die Killerin zeigt ihre Krallen ganz offen. Sie tötet mit Genuß, doch nennt sie ihre Mordlust »erzieherische Maßnahme« oder »Förderunterricht«. Wer ihr einmal in die Klauen gerät, büßt die schönsten Minuten seiner Jugend ein, wird grau schon mit 16, schreibt sich die Finger wund, rechnet sich dumm und dämlich . . .

Die Jungpädagogin täuscht Unerfahrenheit vor, um aus diesem Hinterhalt besser zuschlagen zu können. Vorsicht, in Sachen Schüler-Folter gibt es keine unerfahrenen Lehrer!

Der Schöpferische mimt den einfallsreichen Springinsfeld, um Schüler zu leichtsinnigen Untaten zu motivieren, die er dann gnadenlos ahndet. Aus der Rolle fallen und die abseitigsten Ideen äußern darf nur einer – er selbst. Eine Spielart des Schöpferischen stellt . . .

...der verkappte Künstler dar. Er spielt das weltferne Genie, das – ein Opfer der widrigen Umstände – in der Schule seine Perlen vor die Säue werfen muß. Wer ihm glaubt, ist selbst schuld. Wenn hier etwas verkappt ist, dann nur eine weitere, hinterhältige Lehrerseele, die auf ihre Chance lauert.

Das Nervenbündel tarnt seine Gefährlichkeit hinter einem schwachen Nervenkostüm. Hinter dem Gebüsch seiner Neurosen und vegetativen Störungen lauert ein wilder Tiger, der jedes Halbjahr seine ein, zwei Opfer reißt. Sehen Sie nur genau hin: War da nicht dieses berechnende Blitzen in den fahrigen Augen, während Frau Fietzmömper wieder einmal den Psychokollaps mimt?

Der Jobber ist nur Lehrer geworden, weil gerade kein Studienplatz in Medizin und auch sonst nichts, was Kohle schmeißt, frei war. Er jobbt nur in der Schule, ist Lehrer im Nebenberuf. Hauptberuflich ist er Börsenmakler, Versicherungs-Betrü... äh, nein, Vertreter oder Grundstücksmakler. Schüler sind ihm lästig – sie hindern ihn nur darin, schon in der Schule seinem Hauptberuf nachzugehen.

Der Brüllaffe spekuliert besonders raffiniert. Er versucht die Schüler in dem Glauben zu wiegen, hinter seiner rauhen

Schale stecke ein weicher Kern. Doch nur völlig verblödete Schüler glauben, daß seine Wutausbrüche nur zu seinem Schutz dienen. Der Profi weiß: Jeder Lehrer ist ein ernstzunehmender Gegner – immer!

Der Lehrer aus Berufung täuscht Engagement und ehrliche Gesinnung vor, sülzt seinen Schülern die Ohren mit süßen Versprechungen voll («Ich handele aus meiner vollsten Überzeugung: Die Jugend ist die Zukunft!«) und so mancher fällt vom rechten Wege ab. Um so enttäuschter ist er dann, wenn er entdeckt: Unter dem Schafspelz steckt kein Wolf, sondern schlimmer: ein echter Lehrer . . .

Der Paramilitärische macht sich nicht die Mühe, sein Ansinnen zu bemänteln. Den Schülern unserer Tage fehlt der rechte Schliff, der Drill der Kasernenhöfe. Unsere Schule muß wieder die Schule der Nation werden. Stillgestanden! Präsentiert das Gewehr! Rechtsum, zum Essenfassen! Wegtreten zur großen Pause!

Der Arschkriecher täuscht freundschaftliche Absichten vor, schleicht sich in den Kreis der Schüler ein, säuft mit den Jungen in ihrem Stammlokal und macht mit den Mädchen nachmittägliche Radwanderungen. Doch sein Interesse ist kein echtes, menschliches – wie auch – bei einem Lehrer! Nachdem er sich entsprechend eingeschleimt hat, wird er zum widerlichen Spion und unterrichtet das gesamte Lehrerkollegium über alles, was er gesehen und gehört hat, aber auch alles...

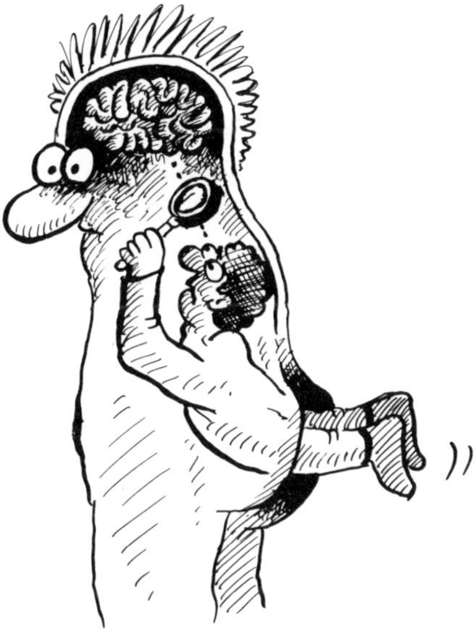

Der Abgeflogene ist der Inspektor Colombo unter den Pädagogen. Er tut so, als habe er nicht alle auf der Latte, redet wirres Zeug daher, damit seine Schüler ihn nicht ernst nehmen und womöglich unterschätzen. Um so leichter macht er es sich dadurch, ihnen später die Handschellen anzulegen. Ihn übertrifft noch...

...der Volltrottel – er stolpert über seine eigenen Beine, rennt sich jeden Morgen an der Klassentür die Birne ein, gießt sich seinen Kakao in die Aktentasche statt in den Becher, redet den Hausmeister mit »Frau Direktor!« an und erscheint regelmäßig in der falschen Klasse zum Unterricht. Nicht beirren lassen! Alles Tarnung!

Der Untote schleppt sich mühevoll durch Flure und Gänge der Schule. Sein trüber Blick erfaßt weder Schüler noch Lehrerkollegen, und es fiele nicht weiter auf, wenn er eines Tages nicht mehr durch die Schule schlich. Es ist sein unauffälliges, geradezu geisterhaftes Verhalten, das ihn zum gefährlichen Spion macht.

Die Gestylte kommt aus der lockeren Wohngemeinschafts-Szene. Aber der erste Eindruck täuscht – ebenso wie ihre frisch in Polystyrol gehärteten Haare ist ihr Weltbild eingefroren – es ist kalt und starr wie ihr Powerfrau-Blick. Rücksichtslos läßt sie jeden Morgen Hunderte von liebebedürftigen Schülern an ihrem Lackleder-Panzer zerschellen, an ihrem Nietengürtel abgleiten. Wie gemein!

Der Leistungs-Junkie ist auf Droge. Nur Leistung zählt, sonst nichts. Jeden Morgen braucht er seinen Schuß Leistung – bei seinen Schülern. Er überfordert, hetzt und treibt sie, läßt sie ihr Letztes geben – bis sie vor Erschöpfung kolabieren. Dann genießt er den widerwärtigen Anblick brechender Schüleraugen...

Der Elitäre verbirgt sein gewalttätiges Inneres hinter einer eleganten Schale und ausgesprochen feinen Manieren. Nie wählt er ein hartes oder gemeines Wort, immer zeigt er die besten Manieren. Doch er weiß: Es gibt nur wenige von uns, und es gilt, sie vor der dumpfen Masse zu schützen. Seine Selektionsmaßnahmen sind ohne jede Gnade: Adel zu Adel, Pöbel zu Pöbel!

Der Inquisitor (Nachbohrer) arbeitet mit dem Mittel seiner zweifelhaften Namensgeber: der hochnotpeinlichen Befragung. Er versteht es wie kein zweiter, den wunden Punkt zu finden, die kleinste Wissenslücke aufzudecken und an genau dieser Stelle auszufragen, nachzubohren ..., bis der widerborstigste Schüler nur noch ein Häufchen Elend ist. Dazu lächelt er auch noch maliziös – widerlich!

Profis in Sachen Freizeit – was Lehrer in den Ferien treiben

Was treiben Lehrer eigentlich in ihren überlangen Urlaubstagen? Sich vom Unterricht erholen? Wieso denn das? Wovon sollten Sie sich da schon erholen? Sie haben doch eh den halben Tag frei und liegen in der Sonne! Nein, sie verprassen ihr völlig überzogenes Gehalt auf endlosen Urlaubsreisen – Hunderttausende von Lehrern schleppen Jahr für Jahr Millionen und Abermillionen unserer mühevoll erarbeiteten Steuermärker ins Ausland und verplempern sie dort für Appartements, Pizzas und ganze Seen teuren Sonnenöls. Zu Ferienbeginn blockieren sie auf der Anreise zunächst unsere schönen Autobahnen mit endlosen Schlangen der aberwitzigsten Automobile und Wohnwagen – nach den neuesten Erkenntnissen des ADACdL (Allgemeiner Deutscher Automobil-Club der Lehrerhasser) sind in den Sommermonaten Juni, Juli und August glatte 75% aller Staufahrer Lehrer! Das wäre weniger schlimm, wenn sie sich im Stau wenigstens halbwegs menschlich verhielten. Stattdessen belabern sie andere Ferienreisende in ekelhaft belehrendem Ton, weil sie das Unterrichten nicht lassen können, klären anderer Leute Kinder über die furchtbaren Folgen des verfrühten Coca-Cola-Genusses auf und bieten ungezuckerten Kräutertee an, während sie ihren eigenen Sprößlingen ebenso gedankenlos wie eigenhändig die Bierdosen öffnen. Außerdem sind sie überhaupt Experten in Sachen Ernährung, Stau- und Kolonnenkunde, Automobiltechnik und Psychologie der Grenzsituationen auf Autobahnen.

Am Ziel ihrer Reise hat es mit ihrer verheerenden Wirkung nicht etwa ein Ende. Sie verschandeln ohne jede Gnade Europas Kulturstätten mit ihrer sandalösen Anwesenheit, verlesen lauthals völlig überflüssige Reiseführertexte, brechen mit

wabernden Bikini-Busen in Moscheen ein und verbreiten auf Campingplätzen ihre himmelschreiende Ach-was-sind-wir-doch-locker-Mentalität. Vermutlich lernen sie irgendwo zwischen Nordkap und Gibraltar andere Lehrer kennen und reden dann geschlagene sechs Wochen lang über nichts anderes als – Irrtum, nicht Schule – über Schrankwände und Bausparkassendarlehen. Dazu trinken sie Unmengen irgendeines Nationalgetränks, singen des Nachts schweinische Lieder ab und maßen sich die Feststellung an, daß die Einwohner des Landes XY kulturell doch ziemlich zurückgeblieben seien.

Wenn sie – bis zum Hautkrebs verbrannt – zurückkommen, karren sie hunderttausende absolut perverse Souvenirs ins

Land, mit denen sie nachher im Unterricht den guten Geschmack unserer Kinder verderben. Wenn Sie nicht gar im Kofferraum »ach wie niedliche« streunende Hunde und Katzen oder an sich ganz sympathische, aber grauenvoll nach Knoblauch riechende ausländische Lebensgefährten importieren.

Zudem belichten sie in ihren viel zu langen Urlaubstagen Diapositive gleich zu Tausenden, asten kiloschwere Videokameras durch unwegsamstes Gelände, ziehen ganze Banditero-Heere an wie Magneten und lassen sich bis auf das letzte Hemd ausrauben. Glücklicherweise gehen dabei auch alle bereits belichteten Videokassetten verloren.

Schließlich und endlich kommen sie völlig abgeschlafft auf die letzte Minute aus dem Urlaub zurück, um in ihren Sessel hinter dem Pult zu kippen und sich in der Schule erst einmal richtig zu erholen – auf Kosten von uns Schülern, versteht sich. Aber so sind Lehrer – immer überaktiv und voller Tatendrang – bis die Ferien zu Ende sind.

Intelligenz & Lehramt – Lehrer sind die letzten Hänger!

Hartes Zahlenmaterial erwarten Sie hier vergeblich. Untersuchungen über den durchschnittlichen Intelligenzquotienten von Pädagogen gibt es nämlich nicht, oder wenn es sie gibt, schlummern sie schülersicher in den Schubladen von Universitäten und pädagogischen Seminaren. So mancher Reißwolf wird sich außerdem an aussagekräftigem Zahlenmaterial sattgefressen haben.

Aber mal anders gefragt: Was glauben Sie, warum Lehrer unentwegt die Intelligenz ihrer Schüler testen? Was glauben Sie, warum Lehrer zu jedem Intelligenztest die Auflösungen brauchen wie auch zu jedem Lehrbuch das Lehrerhandbuch? Und: Was glauben Sie, warum Lehrer sowohl die Auflösungen ihrer Intelligenztests als auch ihre Lehrerhandbücher wie ihren Augapfel hüten?

Ein Blick in das mathematische Lehrerhandbuch »Zahlen – leicht gemacht«, und es fällt Ihnen wie Schuppen vom Panzer:

Kreativität & Lehramt – Lehrer sind dermaßen langweilig!

Es ist zwar nicht unbedingt so, daß die Lehrer im Kunstunterricht Leistung bringen sollen. Andererseits: Wie sollen wir Schüler kreative Fähigkeiten entwickeln, wenn uns nicht ein pädagogischer Menschheitsbeglücker zeigt, wie's geht? Oder nicht? Aber was ist das schon, was Kunstpädagogen unserer Tage zustandebringen?

Schon in der Mittelstufe reiten sie auf jahrhundertealten Themen herum, quasseln stundenlang über Männer mit Goldhelmen und so'n Blech. Wenn Sie in modernere Zeiten überwechseln, wird es deshalb nicht weniger blechern – jetzt geht es um Katzen auf heißen Blechdächern, Überdeckung und Überschneidung und so. Später fangen sie dann an, sich rein abstrakt einen abzulabern. Zentral- und Parallelperspektive, Impressio-, Expressio-, Surreal- und Dilletantismus. Endlose Bildbetrachtungen und verbale Ergüsse. Visuelle Kommunikation, der Künstler in der Postmoderne, die Kunst als Waffe der Befreiung ... Ob der Video-Kurs das alles richtig verstanden hat, der seit drei Wochen Softpornos dreht und auf dem Schulhof vermarktet?

Wenn es schließlich nach endlosem Wortschwall ans Praktische geht, muß der ganze Kurs erst einmal geweckt werden – Schüler schlafen tief. Und nach Aufstehen, Zähneputzen und Frühstück klingelt es meist, der Kunstunterricht ist vorbei. Gottseidank. Gut ausgeschlafen hat man nach seinen wöchentlichen zwei Stunden Kunst. Das ist doch immerhin etwas.

Komplett von der Rolle – Lehrer und ihr Seelenleben

Wenn Sie glauben, Lehrer seien zufriedene, psychisch in ihrer eigenen Mitte ruhende Persönlichkeiten, müssen Sie schon ganz schön lebensfremd sein. Vermutlich nehmen Sie auch noch an, daß die kleinen Kinder vom Osterhasen kommen und daß der Klapperstorch zu Pfingsten rosa Kanichen in den Weihnachtsbaum hängt. Die Wirklichkeit sieht anders aus – hart. Eisenhart.

Samstags gehen männliche Lehrer zum Seelenstriptease zur Domina. Lehrerinnen ziehen dafür die Frauengruppe vor. Für ihre überschwappenden emotionalen Bedürfnisse halten sie zahllose Katzen, Hunde, Kaninchen, Wellensittiche und Reitpferde, die sie hemmungslos zu Tode puscheln. Das aggressive Potential wird auf dem Tennisplatz oder auf der Autobahn abgebaut, so weit es geht. In seelischen Krisenlagen sind besonders Notkaufaktionen, spontane Holland- oder Südfrankreich-Wochend-Trips und Euroscheck-Orgien beim Antiquitätenhändler gefragt. Ist auch das letzte Geld futsch – macht nichts – Hauptsache, das psychische Gleichgewicht stimmt wieder – Lehrer sind meist Beamte auf Lebenszeit und haben Kredit bis zum Schwarzwerden.

Den Traum von der Selbstentfaltung träumen sie in der Kneipe nach dem zwanzigsten Bier («Pah! Was hätte alles aus mir werden können? Ein Künstler! Ein Poet! Ein Dichter! Aber ich habe mich meiner Aufgabe gestellt und mein besseres Ich der Gemeinschaft geopfert! Prost!«) oder in der Volkshochschule beim Kurs »Kunsttöpfern für künstlerisch hochbegabte Hausfrauen und Lehrerinnen« oder »Klavier für pädagogisch tätige Fast-Virtuosinnen«.

Die eigenen Kinder haben glücklicherweise nicht unter dem Psychostreß ihrer Pädagogen-Eltern zu leiden. Die eigenen Kinder nehmen Lehrer erziehungsmäßig überhaupt nicht wahr. Entsprechend sind Lehrerkinder auch erzogen. Aber das ist ein anderes Thema.

Interaktionsanalysen und andere Mißgeburten – Pädagogen-Terminologie

Schon seit Jahrhunderten leiden Lehrer an einer Profilneurose. Bestgehaßt, schlecht bezahlt waren sie lange Zeit die Parias des Berufsleben. Der Sohn des Bauern, der zu schwach war, auf dem Acker zu arbeiten, und zu dumm, um zu studieren und Pfarrer zu werden – na, was wurde wohl aus dem Jüngelchen?

Richtig.

Vermutlich ist die verschüchterte Heerschar der Pädagogen deshalb irgendwann in den Fünfziger Jahren auf den Trichter gekommen, ihrem »Fach« durch neuen theoretischen Schwulst Ansehen zu verleihen und es den Medizinern nachzutun. **Ulcus molle** heißt im Endeffekt auch nichts weiter als Magengeschwür und **Hypersensibilität** ist nicht die Bohne besser als das deutsche »Überempfindlichkeit«, aber das dämliche Patientenvolk läßt sich blenden und staunt.

Die Pädagogen haben – ausnahmsweise – fix gelernt. Wissen Sie, was **Agrammatismus** ist? Können Sie sich vorstellen, wie **akroamatischer Unterricht** aussieht? Was mag der **Carpenter-Effekt** sein? Wissen Sie, was **Andragogik, Pseudodebilität, Apperzeption, Artikulationsschema** meinen? Wie steht es mit **Selbstexploration, symbolischem Interaktionismus?** Keine Ahnung? Macht nichts. Die meisten Lehrer auch nicht. In alphabetischer Reihenfolge:

Agrammatismus is sich, wenn sich nix können bauen anständig Satz.

Akroamatischer Unterricht findet dann statt, wenn der Lehrer redet und die Schüler zuhören (sollen).

Der **Carpenter-Effekt**: Wenn sich in der Glotze die Zeichentrickfiguren prügeln, prügeln Ihre Kinder vor dem Fernseher mit. Bewegung motiviert zu Bewegung.

Andragogik ist nichts weiter als die Lehre von der Erwachsenenbildung. Sollten Sie sich mal wieder zu Gemüte führen, 'n bißchen Erwachsenenbildung.

Apperzeption findet statt, wenn einer was dazulernt.

Artikulationsschema ist die Art und Weise, in der einer was sagt.

Pseudodebilität liegt vor, wenn es so aussieht, als ob einer nicht alle an der Mütze hat, er aber in Wirklichkeit nur nicht klarmachen kann, daß er alles blickt.

Selbstexploration findet statt, wenn einer herausfinden will, was er alles so drauf hat.

Und **symbolischer Interaktionismus?** Da hat sich wer selbst übertroffen, da geben wir auf. Hier die fachwissenschaftliche Definition:

»Kommunikation mithilfe der vor allem in der Sprache gegebenen Systeme speicherbarer, signifikanter Symbole stellt danach (nach der Theorie des symbolischen Interaktionismus; d.Verf.) das ›Grundprinzip gesellschaftlicher Organisation des

Menschen‹ dar (Mead 1968, 299). Sie ermöglicht die symbolische Klassifikation der Welt, die Teilung und Antizipation von Verhaltenserwartungen, die Aushandlung und Einübung von Normen und Werthaltungen, die Rollenübernahme, aber auch das Verhalten zu sich selbst, die Selbstdefinition und Bildung

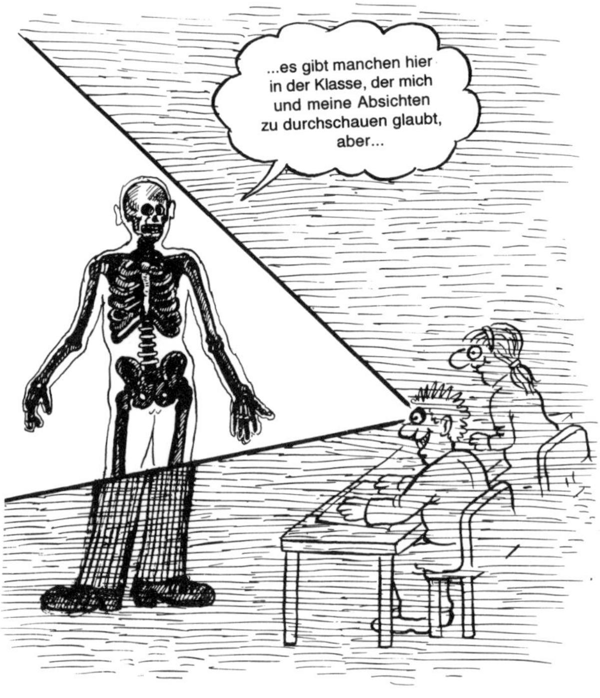

kohärenter Identitäten, das Rollenverhalten (role-making) in einer differenzierten Welt, in der Prioritäten erkannt und die Signifikanz der Erwartungen interpretiert werden müssen und vom Individuum die Leistung der Ich-Identität in der Ausbalancierung der Forderungen ›sozialer Identität‹ (zu sein wie die anderen) und der gleichfalls ihm angesonnenen ›persönlichen Identität‹ (zu sein wie kein anderer) erbracht werden muß. Dabei gilt ›ich-Identität‹ nicht als spekulative Behauptung, sondern als ›strukturelles Erfordernis des Interaktionsprozesses‹ (Krappmann 1971)«*

Sonnenklar, oder? Das alles – und noch viel mehr – wirkt hinter Lehrer Plattenstedts hoher Stirn, wenn er seine Klasse einhundert Mal schreiben läßt:

»Ich darf einem Mitglied des Lehrkörpers keine Stinkbomben ins Auto werfen ... «

* zitiert nach »Berater-Lexikon« – Ein praktisches Nachschlagewerk für Erziehung und Unterricht, München 1977

So komplett bescheuerte Strafarbeiten gibt es im Zeitalter der wissenschaftlichen Pädagogik nicht mehr? Hahaha!

Vielleicht verstehen Sie jetzt auch besser, warum Frau Zippelmann, durch sechs Semester Studium und ein endlos langes Referendarjahr hochqualifizierte Pädagogin, dem frechen Ralf Nüssing gezielt was hinter die Löffel haut.

Prügel im Unterricht gibt es im Zeitalter der wissenschaftlichen Pädagogik nicht mehr? Hahaha!

Normal ja – Lehrer auf dem Durchschnittstrip

Solange du nicht aus dem Rahmen fällst, ist alles in Butter. Aber wehe, wenn irgend etwas die schmale Straße der Normalität verläßt! Alles Ungewöhnliche macht Lehrern Angst:

- Schüler in nietenbeschlagenen Lederjacken (Alles Rocker!)
- Schüler mit kurzen Haaren, wenn alle anderen lange Haare tragen (Nonkonformisten? Rechtsradikale?)
- Schüler mit langen Haaren, wenn alle anderen kurze Haare tragen (Nonkonformisten? Linksradikale?)
- Schüler mit Ohrringen, Sicherheitsnadeln oder ähnlichem Zubehör (Masochisten?)
- Schüler in Anzügen von Armani, während die Anzüge des Lehrers von der Stange kommen.
- Schüler mit Klamotten aus der Altkleidersammlung, während die Anzüge des Lehrers von Armani kommen.
- Schüler, die große amerikanische Autos fahren (Drogenhandel?)
- Schüler, die kleine italienische Autos fahren (Zuhälterei?)
- Schüler, die kleine japanische Autos fahren (Nestbeschmutzer?)
- Schüler, die überhaupt kein Auto oder Fahrrad fahren (grüne Spinner?)
- Schüler die zu Fuß gehen (fanatische Fortschrittsfeinde?)
- Schüler, die zu viel reden (Was haben sie zu verbergen?)
- Schüler, die zu wenig reden (Was haben sie zu verbergen?)

Diese kleine Auswahl mag genügen – es gibt hunderte weitere Anlässe für Lehrer, an der Normalität ihrer Schüler zu zweifeln.

Wenn zum Beispiel Thorsten Miguleit offensichtlich jeden Morgen sechs satte Unterrichtsstunden verpennt – und dennoch alle Tests ohne jeden Fehler schreibt. Da muß doch Betrug im Spiele sein, das kann doch nicht normal sein, denkt sich jeder kleingeistige Einbimser, wie das der Bengel nur macht? Auf die einfachste Erklärung, daß nämlich Thorsten Miguleit der neue Albert Einstein ist und sein gutes Abschneiden einer geradezu übermenschlichen Genialität verdankt, das will den schmalspurigen Jüngern Pestalozzis nicht in die Birne. Lehrer sind eben übernormal.

Klassenlehrer-Haß

Klassenlehrerhaß ist eine besonders persönliche Art des Hasses. Fachlehrer werden gehaßt, weil sie nur einer kleinen, Schleimspuren hinterlassenden »Elite« eine Chance lassen. Klassenlehrerhaß hingegen hat eine ebenso tiefe emotionale

Grundlage wie z. B. Elternhaß – und das kann ein Haß bis aufs Messer sein. Einer der wenigen Vorteile der Abschaffung des Klassensystems in manchen Schulen ist der, daß damit auch der Klassenlehrer-Haß abgeschafft wurde.

Psychologisch gesehen entspricht Klassenlehrerhaß im Falle des männlichen Schülers dem ödipalen Motiv – Vaterhaß, allerdings mit dem kleinen Manko, daß es mit der erotischen Beziehung zur Mutter hapert, auch wenn es den seltenen Fall geben soll, daß Schüler ihrem Lehrer die Ehegattin ausspannen wollen. So gearteter Haß kann zu erstaunlichen Leistungen beflügeln. Gut, es gibt Schüler, die werden Professoren der Germanistik, nur weil ihr Fachlehrer sie zu sprachlichen Versagern erklärt hat. Ödipaler Klassenlehrerhaß hingegen ist weltbewegend. Nur er beflügelt zu den ganz großen Taten.

Na, dämmert Ihnen jetzt einiges? Ja?

Was meinen Sie, was Helmut Kohl zum größten aller Aussitzer hat werden lassen? Richtig, drei Fleißpunkte, sein Klassenlehrer. Damals in der Zwergschule konnte der kleine Helmut nämlich nie stillsitzen, der kleine Drunter-und-Drüber! Und heute? Heute zeigt er es seinem alten Klassenlehrer einmal so richtig.

Und wer war es, der Heinz-Dietrich Genscher so sehr in die Opposition trieb, daß er sich in nächtelanger Arbeit die riesenhaften Elefantenohren angezwirbelt hat? Auch klar, oder?

Es liegt schon in der Natur der Sache, daß Kursleiter-Haß und Fachlehrer-Haß in keiner Weise an Klassenlehrer-Haß heranreichen. Schließlich ist es der Klassenlehrer, der uns armen Schülern Tag für Tag stundenlang vor der Nase herumkaspert.

Pädagogen-Säue und anderes Getier – bewährte Schimpfworte für Lehrer

Kraftausdrücke wirken ungemein befreiend, wenn der Haß nach einem Ventil sucht. Bevor uns also der Drucktopf explodiert, öffnen wir lieber das Sicherheitsventil und nehmen dabei auch einige merkwürdige Geräusche und Gerüche landwirtschaftlichen Charakters in Kauf. Um das Bild noch schiefer weiterzumalen: Möge unser haßerfüllter Dampfstrahl die treffen, die ihn selbst aufgeheizt haben . . .

»Arsch mit Ohren!« ist eines der vielen »symmetrischen« Schimpfworte – es wird von Schülern und Lehrern gleichermaßen treffend verwandt, weil der angesprochene Menschentyp bei Freund und Feind ungefähr gleich häufig vorkommt.

»Einpeitscher!« spricht auf die bei Lehrern immer noch beliebteste, ebenso effektive wie antiquierte Lehrtechnik der Wildwestpädagogik mit Colt, Lasso und Peitsche an. Da dabei keine Peitsche mehr verwendet werden darf, kommt meist nichts dabei heraus. Besonders dumpfe Einpeitscher heißen »Einbimser«. Deutsch-, Englisch- und Französischlehrer werden gemeinhin »Spracheinpeitscher« genannt.

»Erzieher!« ist an und für sich kein Schimpfwort, wenn man allerdings überlegt, was die so titulierten Personen den ganzen Tag über treiben ...

»Hirnwixer!« soll zum Ausdruck bringen, daß die mit dieser Bezeichnung belegten Person der Sinn für eine gesunde autoerotische Sexualität abgeht und sie statt dessen fragwürdige mentale Ergüsse produziert.

»Idiotentreiber!« ist ein zweischneidiges Schmähwort, das, lauscht man auf den feinen Nebenklang, auch kaum ein gutes Haar an den Schülern läßt.

»Junglehrer!« enthält, bei Schimpfworten selten genug, immerhin noch die Möglichkeit eines rechtzeitigen Gesinnungswandels und daran anschließender Umkehr.

»Kinderschreck!« liegt in der Bewertung nahe bei »Tierquäler« und »Sittenstrolch«, ist aber so abgeschwächt, daß es im schulischen Nahkampf ohne allzu verheerende Wirkung eingesetzt werden kann.

»Klassenschänder!« trifft besonders gut den kollektivverheerenden Aspekt des Lehrerberufes und soll schon manchen Jünger Pestalozzis tief in der empfindsamen Seele getroffen haben. Daß der so Bezeichnete allerdings Abbitte leistete, ist in keinem einzigen Fall bekannt.

»Lebenslänglicher!« packt den Beamten im Lehrer an empfindlicher Stelle und stürzt ihn in eine tiefe Sinnkrise – sollte das scheinbare Privileg der Beamtung auf Lebenszeit in Wirklichkeit womöglich eine furchtbare Strafe sein? Ist an Ausbruch oder Flucht zu denken?

»Leistungs-Loddel!« rückt Erzieher in den Dunstkreis gewerbsmäßiger Kuppelei. Stark in der Wirkung, aber einmal ausgesprochen, schlägt es oft ebenso massiv auf den Verwender zurück wie der darin zitierte Personenkreis.

»Magister!« ist als Schmähwort völlig ungeeignet, da der so Titulierte es eher als akademischen Titel begreift. Ebenso ungeeignet ist das in Lehrer-Nachrufen gern verwendete **»Mann der Schule«** (»Er war mit Leib und Seele ein Mann der Schule!«) – wobei die Idee naheliegt, doch einmal prophylaktisch einen Nachruf auf seinen bestgehaßten Lehrer zu schreiben. Eine schöne Stilübung. Der öffentliche Vortrag auf einer prophylaktischen Beerdigung könnte allerdings gar als Morddrohung mißverstanden werden.

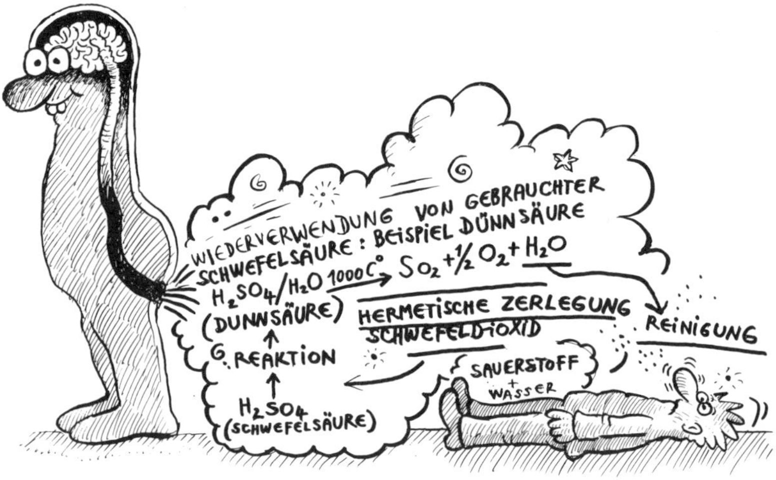

»Pädagogen-Sau!« trifft das Ziel der Schmach mit voller animalischer Kraft, gemahnt jedoch zugleich an den immer geringer werdenden unmittelbaren Einfluß der Landwirtschaft auf unser alltägliches Leben, die in der Großstadt oft in der Pädagogen-Sau eine letzte Inkarnation findet. Pädagogen-Säue stehen (vermutlich) unter Naturschutz.

»Panikhenne!« trifft, wie viele Bezeichnungen aus dem Artenkreis der Hühnervögel, besonders zartbesaitete, nervenschwache Damen des Lehrkörpers, wenn sie auf die Problemstruktur einer lebensfrohen Jungmänner-Klasse nur noch mit Geflatter reagieren können.

»Pauker!« Dieser aus der Welt des Orchesters entlehnte Begriff verdeutlicht anschaulich, mit welchem Energieeinsatz Pädagogen ihr vermutlich aussichtsloses Geschäft betrieben haben und betreiben. Aussichtslos war ihre rührige Tätigkeit in der Vergangenheit vor allem deswegen, weil sie oft am zur Wissensübermittlung ungeeignetsten Körperteil angesetzt haben – daher auch der Name »Arschpauker«.

»Riesenarsch!« Kein noch so großes Schülergesäß kann die Dimensionen erreichen, die der von Haß durchdrungene Schüler im Affekt der Sitzfläche seines Lehrers zuordnet. Doch Vorsicht: So mancher Riesenarsch hat schon zurückge...

»Schleimscheißer!« Eine weitere symmetrische Belobigung. Wer sie zuerst ausspricht, verhindert zumindest, daß der Feind sie noch benutzen kann. Dieses duftende, besonders schlüpfrige Schimpfwort eignet sich ausgezeichnet für ekelhaft glatte Vertreter der Spezies Pädagogae.

»Schulmeister!« Eine schöne, aus Vorväter Zeit übermittelte Bezeichnung, die vor allem dem progessiven Lehrer die Statue seines Selbstbildes ins Wanken bringt und ihn tief ins Mark seiner Gesinnung trifft.

»Sklaventreiber!« Neben dem bereits genannten Einpeitscher das beliebteste und treffendste Unterdrücker-Synonym für rücksichtslose Erzieher.

»Steißtrommler!« Im Gegensatz zum »Pauker« schwingt hier ein militärisch-männlicher Nebenklang mit, noch verstärkt durch das scharfe »Steiß-« gleich zu Beginn. Besonders auf ihre Bildung rekurrierende Schüler ziehen dieses Schmähwort dem gemeineren »Arschpauker« vor, weil es durch die anatomische Sichtweise der menschlichen Rückseite vor einem Abgleiten in die Welt des gemeinen Volkes (Igittigitt!) bewahrt.

»Spinatwachtel!« Die wie die »Panikhenne« zu den Hühnervögeln gehörende Wachtel kann nichts dafür – ebensowenig der nahrhafte Spinat – doch gemeinsam sind sie ebenso unausstehlich wie die Heerschar der tantig-kantig-zickigen Uralt-Fräuleins, die lebensdurstigen Schülern und Schülerinnen das Leben zur Hölle machen können.

»Vormittags-Schocker!« werden besonders solche Lehrer genannt, die durch überraschende Tests, unerwartete Ansprache oder völlig unnötige Fragen Schüler aus dem dringend benötigten Unterrichtsschlaf reißen. Jäh emporschnellende Blutdruckwerte und zitternde Knie sind die Folgen – und natürlich Haß – massiver Lehrerhaß.

»Wandelndes Lexikon!« wird oft als Schmeichelei mißdeutet, da der angesprochene Lehrer nur zu gern Bewunderung seiner enzyklopädischen Bildung als Hintergrund sieht. Wenn er ahnte, daß die Schüler eher seine lederartig eingeschrumpfte Haut, seinen antiquierten Inhalt und sein massives Übergewicht mit denselben Eigenschaften der Brockhaus-Ausgabe von 1898 vergleichen . . .

»Lehrer von Hund gefressen!« – Nachrichten, die jedes Schülerherz höherschlagen lassen

Ob jede der hier wiedergegebenen Geschichten eine tatsächliche Grundlage besitzt, bleibt anzuzweifeln. Es wird sicherlich die ein oder andere Zeitungsente – wenn nicht gar ein ausgewachsener Zeitungs-Pelikan – darunter sein. Eines

aber haben alle diese herrlichen Nachrichten aus der Welt der finstersten Schülerträume gemeinsam – sie könnten geschehen sein und sind in den von Rachefantasien heimgesuchten Schülerhirnen tausendmal geschehen. Somit sind sie wahr und haben damit auch das Recht, hier schwarz auf weiß nachlesbar aufzutauchen.

MÖMMINGEN – Nicht schlecht wunderte sich der meistgehaßte Studienrat der Stadt, als er, begleitet von seiner Lebensgefährtin, am Samstagmorgen seinen Golf-Cabrio besteigen wollte, um ins Wochenende zu fahren. Der Wagen war bereits voll – voller Beton, wohl durch das offenstehende Seitenfenster eingefüllt. In vorausschauender Denkweise hatten die

Schüler ihrem Lehrer eine Wagenladung einer besonders schnellbindenden Sorte beschert, wobei sie ein über den fruchtlosen Kampf seines Sohnes empörter Vater nur zu gern mit einem Transportfahrzeug unterstützt hatte.

TORONTO – Wohl von alten Hochzeitsriten inspiriert, beglückten Schüler einer kanadischen Schule ihre auf Ferienreise weilende Lehrerin durch den überraschenden Besuch eines ausgewachsenen Lamas in ihrer Penthousewohnung in der Innenstadt. Dem aus dem Zoologischen Garten entwendeten Tier sollen sowohl die Zimmerpflanzen als auch die erlesene Handbibliothek der Pädagogin ausgezeichnet gemundet haben.

Welchen Schüler lassen solche Meldungen kalt? Und wie gern würde er Schlagzeilen wie diese in der Morgenzeitung finden:

Berlin – Chaoten braten Klassenlehrer!

Cape Kennedy – Sechs Lehrer im All verschollen!

Neu Delhi: Schule abgebrannt – Kollegium verkohlt!

Südafrika: Zwölf Lehrerinnen von Hottentotten entführt!

Er zensierte nur einen Sommer – Lehrer wegen Betruges ver haftet

Es muß aber durchaus nicht immer sein, daß ein Lehrer Schaden nimmt, um Schüler zu einem herzerfrischenden Lachen zu bewegen. Auch solche Meldungen haben ihre Wirkung:

KÖLN – Über ein halbes Jahr lang gelang es dem Schüler Georg K., unentdeckt die Schule zu schwänzen. Zwar verließ der Junge an jedem Morgen pünktlich um 7.30 Uhr das Haus, damit seine Mutter keinen Verdacht schöpfte. Statt aber zum nahegelegenen Holger-Holzkopf-Gymnasium zu gehen, hatte der Schüler eine berufliche Tätigkeit als Programmierer in einer Software-Firma angenommen. Um sein hohes Einkommen zu tarnen, mußte Georg K. seinen italienischen Sportwagen immer einige hundert Meter von der elterlichen Wohnung entfernt parken . . .

Ein Dutzend fiese Schweinereien Wir machen unsere Lehrer zu nervlichen Wracks

Was Schülern ihren Lehrer in ihrer Fantasie anzutun beabsichtigen, kann hier nicht Thema sein. Darüber berichten, wenn einmal die Racheabsichten umgesetzt werden, die Sensationsblätter ausreichend. Für den zivilisierten Schüler kommt es auch nicht in Frage, den Lehrer mit Pulver, Gift, Kettensäge oder LSD im Kakaotrunk zu attackieren – auch wenn Vatis Horrorvideos solche Methoden noch so farbig nahelegen.

Nein, Schüler unserer Tage nerven ihre Lehrer mit Niveau und ohne – größeren – Schaden anzurichten.

Dabei ist es allerdings für den Außenstehenden schwer zu entscheiden, wo die Grenze zwischen deftigem Scherz und üblen Machenschaften verläuft. Sicher spielt dabei auch eine Rolle, was der attackierte Lehrkörper auf dem Kerbholz hat.

Und noch eins: **Lassen Sie sich nicht erwischen!**

Beginnen wir mit einigen netten Anregungen zu des Lehrers Heim und Herd, um später in den vertrauten Rahmen der Schule zurückzukehren.

1. DIE FEUCHTBIOTOP-KATASTROPHE

Im Unterricht tönen Lehrer immer, als seien sie die absoluten Oberökologen. Denkste! Hat sich was! Ein Glas voller Froschlaich im heimischen Feuchtbiotop des Umweltengels beweist es. Wenn die Biester erst ausgeschlüpft sind und dem schlaffen Lehrersack die lauen Sommerabende vollquaken, wenn er im Liegestuhl auf der Terrasse liegt, wird der Naturschützer zum hemmungslosen Killer und versucht, die für das Gleichgewicht der Natur so wichtigen Lurche auszurotten. Aber daraus wird nichts. Wenn wir ihn beim ersten Mordversuch mit dem Kescher überraschen, werden das Umweltamt der Stadt, Greenpeace, der BUND und die Grünen verständig und der Öko-Abfucker gnadenlos gemaßregelt. Mit der Karriere ist es dann aus.

2. SWIMMING-POOL-STRATEGIEN

Womit Ihr Teacher den gewaltigen Swimming-Pool in seinem Garten bezahlt hat, wissen Sie eh – Schmiergelder. Was wundert's, daß Sie mit Ihrer Rache ausgerechnet hier ansetzen?

Manche verlockende Möglichkeit stößt leider allzuleicht an ihre Grenzen. Der Import des bereits oben benutzten Froschlaichs in das Renommiergewässer empfiehlt sich nicht – schon aus Gründen der Humanität verbietet es sich, Lebewesen mit der ozonierten oder chlorierten Brühe darin in Verbin-

dung zu bringen. Sollen sich doch Ihre beknackten Erzieher darin verätzen! Leider gilt dies auch für so reizende Tiere wie Haie oder Piranhas.

Andere reizvolle Varianten, so der zum Wackelpudding gelierte Pool, verbieten sich aus Kostengründen. Es braucht ca. 125.000 Blatt hochwertiger Gelantine, um einen Pool in einen kompakten Wabbelklotz zu verwandeln. Wenn Sie nicht excellente Beziehungen zur chemischen Industrie oder viel zu viel Geld haben . . .

In zahllosen Schülereinsätzen, auch gegen öffentliche Brunnen, haben sich die Farbstoffe Eosin (hellrot, giftig!), Fluoreszein (leuchtend schockergrün) Methylenblau (wie der Name schon sagt: blau), die in fast jedem Chemieraum fast jeder Schule vermutlich für diese Art Scherze bereitgehalten werden, ebenso bewährt wie verschiedene, frei verkäufliche Waschmittel. Besonders im kombinierten Einsatz ergeben sich prachtvolle, intensiv gefärbte Schaumgebilde, die plötzlich im Licht der Morgensonne auf dem Wasser dümpeln . . . .

3. TIERISCHE ATTACKEN

Hund, Katze oder Vogel eines Pädagogen zu quälen, kommt für einen moralisch hochstehenden Schüler unserer Tage nicht in Frage. Das erledigt Ihr in Dressurfragen bestens informierter Erzieher vermutlich selbst. Aber was spricht dagegen, das nette Tierchen zu ondolieren, in Nervenschock-Lila zu färben oder sonstwie neu zu stylen, so es dabei keinen Schaden nimmt?

Einige Beispiele: Pudel im Punker-Outfit wirken besonders apart; Bernhardiner verlieren durch einen radikalen Kurzhaarschnitt an überflüssiger Masse. Rassekatzen wirken in ansprechenden Farben der Saison weniger deplaziert in modern eingerichteten Räumen. Meerschweinchen im Afro-Look gemahnen an unsere Pflichten der Dritten Welt gegenüber . . .

4. DER BESTELL-SERVICE NR. 1

Mit der Adresse eines Lehrers läßt sich eine Menge Unsinn anstellen. Es soll schon Abiturienten gegeben haben, die Namen und Anschrift ihres Kursleiters in eine Kopie ihres Einberufungsbescheids praktiziert haben sollen, so daß der Herr im Morgengrauen, das Schlimmste erwartend, beim Kreiswehrersatzamt zur Nachmusterung erschien.

Wir wollen anders ansetzen. Nichts hilft uns mehr gegen die hoffnungslose Einförmigkeit unseres öden Alltagslebens als eine immer rührige Werbeindustrie. Tag für Tag heitert sie uns mit Werbespots im Fernsehen auf, Tag für Tag quellen lustige Prospekte aus unseren Briefkästen.

Sorgen Sie doch zur Abwechslung einmal dafür, daß der Alltag Ihrer pädagogischen Bezugsperson merklich an Farbe gewinnt. Schließlich sollte er, als Mensch unserer Zeit, über alle aktuellen Wirtschaftsentwicklungen bestens informiert sein.

All die netten Bestellkarten und Coupons, die Sie in Prospekten, Illustrierten und sonstwo finden, füllen Sie mit *seiner* oder *ihrer* Adresse aus – am besten mit der Schreibmaschine, damit man Ihre Handschrift nicht erkennt. Schon Tage später flattern dem beglückten Nutznießer Ihrer Aktion Prospekte, Kataloge, Kreditkartenanträge, Losbriefe, Urlaubsangebote, Neuwagen-Infos, Probepackungen und Schnupperabos gleich tonnenweise ins Haus.

5. DER VERSCHÄRFTE BESTELL-SERVICE NR. 2

Haarsträubender Blödsinn ist hier, nachdem wir soeben die Tür aufgestoßen haben, zwar naheliegend, bringt aber

ZZZZZ
MATE

KLAPP
KLAPP
Ich hoffe, es ist mir gelungen, euch für die Schönheit mathematischer Gedankengänge zu begeistern...
3452781
Lim·CCCP

gewisse Risiken mit sich, denn es geht um Geld, und da verstehen einige Leute keinen Spaß. Sehen Sie also davon ab, Ihren Lehrer mit heimlich georderten Baumaschinen oder Sprinkleranlagen zu beglücken – das gibt unweigerlich wüsten Ärger, wenn Sie sich erwischen lassen. Auch leichte Mädchen oder Herren für gewisse Stunden, Bauchtänzerinnen, Zauberer, Klempner, Lebensberater, Astrologen oder Versicherungsmakler zur Heimadresse Ihres bestgehaßten Lehrkörpers zu senden, könnte die Grenze des schweigend Erduldeten überschreiten. Allenfalls können Sie den Chor und die Blaskapelle der freiwilligen Feuerwehr zu einem Ständchen vorbeischicken, wenn Sie Beziehungen haben.

Zwar machen es zahlreiche Copy-Shops an fast jeder Straßenecke zum fast gefahrlosen Kinderspiel, im Namen und auf Rechnung Ihres Lehrers Hinz und Kunz zum mitternächtlichen Gartenfest einzuladen, jedoch ist dies ebenso abzulehnen wie nächtliche Taxibestellungen, wenn auch aus anderen Gründen. Nicht daß wir Bedenken hätten, Ihr Pauker könnte aus dem tiefsten Schlaf geklingelt werden. Nein, der arme Taxifahrer könnte umsonst gefahren sein – Lehrer sind stur, wenn es um das Bezahlen geht. Da tut es doch auch der telefonische Auftragsdienst der Post, der Tag und Nacht zu jeder Stunde Nachrichten übermittelt, Weckdienste übernimmt ...

Wenn Sie bereit sind, eigenes Geld und ein wenig Fantasie zu investieren – Sie können ja Ihre paar Flöhe zusammenwerfen – eröffnen sich völlig neue Perspektiven.

Warum nicht dem Lieferservice der Pizzeria »Sole Mio« ein Pizza »Erzfeind« mit Stacheldraht, Reißzwecken und beinhartem Gipsdekor in Auftrag geben? Oft leidet das Renommeé eines Erziehers erheblich, wenn er ein Jahres-Geschenk-Abonnement von »Donald Duck« oder dem »Playboy« geliefert bekommt – an seine Schuladresse, versteht sich. Auch die

Zusendung des neuesten Beate-Uozo-Katalogs soll in vielen Fällen Furore machen, wenn die Schulsekretärin das Hochglanzdruckwerk aus dem neutralen Couvert nimmt und den Adressaten erkennt..

6. DER STOFF, AUS DEM DIE TRÄUME SIND: KLEISTER

Besonders solche Schüler, die ihre anale Phase nicht recht ausleben konnten und in dieser Hinsicht etwas nachzuholen haben, stehen darauf: Billig, umweltfreundlich, an jeder Ecke erhältlich, in Minuten gebrauchsfertig und ungemein wabbelig, pampig und eklig – Tapetenkleister.

Hei, mit welch sattem Klang zerplatzen pralle Kleisterbeutel unter den Pneus des lehrerlichen Wagens von Herrn Dr. Hutz? Holla, wie hellt sich der Blick von Frau Wiesenkötter auf, wenn sie einen 6-Kilo-Beutel eklig gelber Kleistermasse (Farbstoffzusatz!) in ihrer Aktentasche findet! Tanderadei, welche

Freude, wenn die Wabbelmasse beim großen Auftritt von Herrn Züllich von der Eingangstür der Klasse fällt! Potzblitz, wie durchzuckt es Frau Linneweber, wenn sie bemerkt, daß sie auf sattem Kleisterpolster Platz genommen hat . . .

Und: Kleister ist ein ungemein kreatives Material. Sicher werden Ihnen zahlreiche neue Verwendungsmöglichkeiten eingefallen sein, während Sie diese Zeilen lasen. Und noch mehr werden Ihnen einfallen, wenn Sie erst einmal beim Anrühren sind . . .

7. DER TELEFON-TEST

Uralt – aber immer noch wirkungsvoll – der Telefon-Test. Er hat allerdings in letzter Zeit erheblich an humoristischer Qualität gewonnen, weil nicht nur der Anrufer, sondern alle am

Scherz Beteiligten die Reaktionen des Opfers verfolgen können – durch die neue technische Möglichkeit des Laut-Mithörens.

Die Sache funktioniert ganz einfach: Ein Schüler oder eine Schülerin mit möglichst »erwachsener« Stimme meldet sich:

»Hier Fernmeldeamt 2. Herr Dr. Göttlich? Wir müssen Ihren Anschluß testen. Es gibt unerklärliche Störgeräusche in Ihrer Leitung. Legen Sie doch bitte einmal Ihren Hörer für fünf Minuten an einen stillen Ort – zum Beispiel in den Kühlschrank.«

Technisch völlig desinformiert, wie besonders Lehrer schöngeistiger Fächer sind, wird der Angerufene auf die Aufforderung hereinfallen und allen angeordneten Testverfahren klaglos Folge leisten. Er wird die Hörmuschel abschrauben, den Hörer gegen die Wand schlagen, zur akustischen Prüfung eine Tonleiter singen und spitze Schreie ausstoßen und schließlich vielleicht sogar die Telefonschnur mit der Schere um ein, zwei Meter kürzen...

Nur eines muß der Anrufer »vom Amt« unbedingt beachten: Er muß toternst bleiben, auch wenn er vor Lachlust fast platzt. Sollten die mithörenden Schülerfreunde in Gelächter ausbrechen, hilft immer noch die Ausrede, der Betriebsrat der Stadtwerke bereite gerade den diesjährigen Ausflug vor.

8. DER AUTOMOBILE HEBEL

Das Auto eines Lehrers oder einer Lehrerin ist, besonders in sogenannten »sozialen Brennpunkten«, Ziel zahlreicher, manchmal brutaler Attacken. Zerkratzter Lack oder zerstochene Reifen zeigen allerdings nur, daß die Verursacher ziemlich sauer sind, nicht eben über viel Fantasie verfügen und es ihnen auch an Humor mangelt. Zudem kosten Sie Geld, viel Geld – und Lehrer, die zahlen müssen, werden nur noch unausstehlicher.

Bewährter Ansatzpunkt für harmlosere (?) Schülerscherze ist der Auspuff.

- Zufällig hineingeratene Kartoffeln führen zum totalen Aus.
- Knallfrösche erheitern den Fahrer erst nach einigen Kilometern mit erfrischenden »Fehlzündungen«.
- Luftballons oder andere Gummiartikel, die in keiner Schülertoilette fehlen sollten, führen zu anregenden Bläh- und Knalleffekten.
- Angehängte Konservendosen, Toilettenrollen, Mülltonnen oder Gummipuppen erheitern besonders die Schüler der unteren Jahrgänge.

Weiterer Ulk läßt sich mit dem bereits erwähnten Wundermaterial Tapetenkleister anstellen – klammheimlich angerührt und mit Fingerfarben eingefärbt, überzieht er – nächtlich aufgebracht – den Neuwagen des Kunstlehrers mit einer überaus verfremdenden Masse. Als Mann der Avantgarde wird er dies sicher zu schätzen wissen. Wenn nicht, genügt eine Automatenwäsche.

9. MEDIEN-MANIPULATIONEN

Ohne den Einsatz moderner elektronischer Medien ist Unterricht heute nicht mehr denkbar. Besonders das Schulfernsehen – auf Kassette gespeichert – erleichtert die schwere Pflicht der Unterweisung ungemein – z. B. in Fächern wie Geographie. Doch hei! – wie merkt der ganze Kurs erheitert auf, wenn statt des Woronez-Beckens das Becken von Christine auf dem Bildschirm erscheint! Wenn statt des Dramas über die Kölner Bucht Vatis Heimvideo »Zombies – bis aufs Hemd gequält« über den Screen flimmert! Wie's kommt? Für den geschickten Schüler unserer Tage dürfte es doch kein sonderliches Problem sein, an irgendeiner wunden Stelle zwischen Mediothek und Videorecorder einen schnellen Griff zu tun und die Kassetten zu vertauschen, die ja bekanntlich einander gleichen wie ein Ei dem anderen.

Im Musikunterricht Prince statt Rudolf Schocker und John Wayne im Politikunterricht statt Bertha Häusler-Benzin – das sind doch echte Alternativen!

10. DER FRESSKORB

Geben ist seliger denn nehmen – dieser weisen Erkenntnis werden Sie frohgemut zustimmen, wenn Sie den folgenden Vorschlag durchdacht haben.

Wieder wirft der Kurs oder der Klassenverband seine finanziellen Mittel zu gemeinsamer Schandtat in einen Topf – Frau Dr. Knülch-Sabbelmann soll einen Präsentkorb erhalten – aber einen ganz besonderen. Achten Sie unbedingt auf Qualität...

Hier ein Vorschlag für die Zusammenstellung eines angemessenen Präsents:

1 Flasche »Weizenschocker« – Korn-/Kartoffelbrand zu 4,95 DM aus dem Hause WALDI.

1 Salami »Der lustige Bosniake« Typ Rindfleisch, mit 125% Fettgehalt im englischroten Kunstdarm – 0,89 DM

1 Paket »Mumpf«-Dauertoast – 3 Jahre tropenfest/wüstenerprobt – 0,89 DM

1 Glas Kunsthonig »Immenschreck« mit garantiert 250% Industriezucker-Gehalt – 0,78 DM

6 Dosen »Pichelsbacher Fastbier vollsynthetisch« aus belgischen Chemiefabriken – 3,45 DM

1 Großpaket »Raps-Ody«-Billigmargarine, auch als Zweittakt-Motoröl verwendbar – 0,69 DM

1 Epidemiepackung »Süße Sünde«-Pralinen, 1250 Stück zum Sonderpreis von nur 2,95 DM

3 Dosen Ölsardinen in Orginal Erdöl aus den Gewässern Alaskas; garantiert ohne Konservierungsstoffe – 1,45 DM

2500 g türkische Haselnüsse der Marke »Tschernobyl nachtleuchtend« – 0,95 DM

5 Bananen »Juanita scheintot« extra vollreif – 1,49 DM

12 Dosen Wildleberpastete »Halali extra forte« mit interessanten Spurenelement-Beimischungen und zartem Schwermetallaroma – 1,55 DM

1 Großküchenpackung »Waldpilze – Jahrgang 1967 in leichtem Tran« – 16 kg nur 10,90 DM

Zwar sind fast alle Lehrer unterdessen auf dem harten Öko-Trip, aber allein die Anlieferung Ihres Geschenks wird Eindruck machen. Und ob es ein Lehrerherz über dasselbe bringt, etwas wegzuwerfen, das gratis ins Haus kam?

Eine besonders gemeine Variante: Schicken Sie den obigen Präsentkorb im Namen von Herrn Tottmöser an dessen Chef, den Oberstudiendirektor Dr. Jück. Beide, der Beschenkte und der vermeintliche Absender, werden ihre Freude haben.

11. DAS LEHRER-PORTRAIT

Die nun folgende Schandtat setzt bei der Eitelkeit der Damen und Herren Lehrer an – eine absolut sichere Basis. Unter dem Vorwand, für die Schülerzeitung »Klassenkrampf!« eine Artikelserie »Große Pädagogen unserer Stadt« vorzubereiten, bitten Sie Ihr Opfer um ein ausführliches Interview, das es Ihnen nur zu gern gewähren wird.

Aber ach! Sie sind halt nur ein schwacher Schüler und in journalistischen Dingen leider völlig unbewandert. Das Machwerk, das Sie aus den erhaltenen Informationen zusammenstellen, wirkt haarsträubend auf den betroffenen »Star« – und ungemein erheiternd auf die Schülerschaft.

So könnte Ihr Artikel, der selbstverständlich nur mit den unmöglichsten Fotos illustriert ist, beginnen:

»Sein Goldfisch heißt ›Erwin‹ und seine ganze Leidenschaft ist seine Modelleisenbahn. Anspruchslos in jeder Hinsicht (Foto mit Mickymaus-Heft) lebt der von uns allen verehrte Deutschlehrer Erwin Holle in seinem zum großen Teil vom Geld seiner Frau abgezahlten Einfamilienhaus in der Gayergasse. Wenn er abends leicht angesäuselt aus seiner Stammkneipe nach Hause kommt ...«

Wenn es gar um ein Video-Portrait der betreffenden Persönlichkeit durch Schüler der Arbeitsgemeinschaft »Neue Medien« geht, stehen ungeahnte Möglichkeiten offen. Neben der »offiziellen« Version entsteht eine weitere, weitaus künstlerischere ... Entsprechendes Bildmaterial aus anderer Quelle, geschickter Schnitt und eine gewisse visuelle Fantasie vorausgesetzt, und Sie können Ihren Lehrer-Clip gegen harte DM an die gesamte Schülerschaft Ihrer Lehranstalt absetzen. Aber aufgepaßt – wehe, wenn das Opfer von seinem Star-Ruhm erfährt und Version 2 in die Finger kriegt!

12. DER SEXUELLE HEBEL – LEHRER IN EINDEUTIGEN SITUATIONEN

Dies Verfahren ist alt, unsportlich und stammt aus der Kiste der miesen Tricks. Also bitte nur zur Anwendung bringen, wenn der Lehrer, auf den es zielt, wirklich ein mieses Schwein ist. Als Jux ist die Geschichte gar nicht lustig – viel zu heavy, wie man neudeutsch sagen würde.

Nehmen wir an, es ist wirklich Not am Mann oder an der Frau – für Desireé Flottmeier eine der leichtesten Übungen. Sie bleibt zu einem vertraulichen Gespräch in der Klasse, läßt den Rock verrutschen, den Busen wogen und sülzt dem alten Bock was ins Ohr, daß sie überhaupt nur auf reifen Herren stünde. Das große Geschrei und die zerrissene Bluse, die sie jetzt bringen könnte, verfangen allerdings nicht mehr. Zu leicht kann sich der spitze Schulmeister herausreden, sie habe alles vorgetäuscht. Ein Polaroid-Foto mit viel Fleisch darauf, das Thorsten nun schießt, entmannt den Mann der Schule allerdings augenblicklich – er wird – vielleicht nach einem unüberlegten Zornesausbruch – sanft werden wie ein Lamm. An die große Glocke gehängt werden muß die Angelegenheit allerdings nicht – wenn der Herr Oberstudienrat sich in anderen Angelegenheiten milde zeigt.

Einen Nachteil hat das Polaroid-Foto – so frappierend es am Tatort wirkt – schon: Es soll schon ertappte Pädagogen gegeben haben, die das Corpus Delicti – nach wüstem Handgemenge um dessen Besitz – schlicht aufgefressen haben.

13. TAUSEND WEISSE MÄUSE – DAS PROVOZIERTE DELIRIUM

Sicher – weiße Mäuse sind nicht eben billig. Die Anschaffung einer größeren Anzahl lohnt dennoch für die Schüler eines Klassenverbandes oder eines Kurses, dessen Leiter ein kleines Alkoholproblem hat. Ohne große Mühe lassen sich die kleinen Nager in die Behausung des gehaßten Pädagogen praktizieren, wo sie augenblicklich um und um zu wuseln beginnen. Schon beim ersten Glas am Feierabend (der ja bei Lehrern, wie man weiß, meist mittags beginnt), wird das Erscheinen der weißen Haustiere dem Trinker den Horror in die Glieder fahren lassen. Ob er als Folge einen Therapeuten aufsuchen, das Trinken einstellen oder aber völlig im Suff versinken wird, ist allerdings nicht abzusehen. Möglich auch, daß er den Frust über seinen persönlichen »Schicksalschlag« erst recht an seinen Schülern ausläßt . . .

Nackt im Wind . . .
Lehrer-Rache-Fantasien

Der Schwache ist nicht wehrlos – wozu gibt es die Wunderwaffe Fantasie. Selbst gegen den autoritärsten Plutokrator gibt es Strategien, die das eigene Selbstwertgefühl vor Schaden bewahren und die schlimmste Maßregelung oder Gardinenpredigt eigentlich recht amüsant werden lassen. Hier ein Beispiel. Was denkt sich Schüler Markus Bommelköper, wenn ihm der Herr Studienrat Dr. Göttlich die Leviten liest?

Dr. Göttlich: »Es wird ein schlimmes Ende nehmen mit Ihnen, Bommelköpper! Ihre Leistungen in Mathematik . . . «

Bommelköpper (denkt sich): »Ja, ja, red du nur . . . Jetzt zieh ich dir erst einmal dieses ekelhafte Jackett aus der Altkleidersammlung aus . . . Was denn, der Herr Studienrat trägt Hosenträger! Und was für welche! Wohl vom Opa geerbt, die ausgeleierten Schlabberriemen?«

Dr. Göttlich: »... fallen seit Wochen ins Bodenlose und werden noch vor Ende dieses Jahres den absoluten Nullpunkt erreicht haben ...«

Bommelköpper (grinst und denkt sich weiter): »So, und jetzt die Schuhe ... Igitt, Löcher hat der in den Socken, das ist gar nicht zu glauben, Socken kann man eigentlich gar nicht mehr dazu sagen ... Ja, hattu denn nicht Nadel und Faden?«

Dr. Göttlich: »Dazu Ihre impertinente Art zu grinsen, wenn ich mit Ihnen rede! Ich möchte wissen, was in Ihrem verkümmerten Gehirn vorgeht!«

Bommelköpper (grinst breiter und denkt sich): »So, möchtest du? Kann ich mir denken, aber Pustekuchen! Jetzt ziehst du dir erst einmal die Hosen aus, du Obergruftie! Ach, du lieber Himmel, Unterhosen aus der frühen Steinzeit! Und dazu diese bleichen weißen Stachelbeerbeine, die unten herausragen! Und Sockenhalter, richtige, echt prähistorische Sockenhalter ...! Ich lach mich schief!«

Dr. Göttlich: »Ihnen wird das grinsen schon noch vergehen, Sie ungezogener Lümmel! Ihnen werd' ich zeigen, wer hier der Stärkere ist!«

Bommelköpper (kann ein Lachen nicht mehr unterdrücken und denkt sich): »Du, mich fertigmachen? Mit den Knien? Die schlottern ja vor Angst, du Jammerlappen!«

Erbaulich, nicht? Weitere Möglichkeiten für befreiende Fantasie-Dramen:

- Frau Hilwig im Nachthemd, das leider ein, zwei Handbreit zu kurz ist, zur rush-hour auf dem Hauptbahnhof;
- Herr Fettstieger als Schütze Arsch beim Kommiß. Wer ist sein Spieß? Na, wer wohl?

- Frau Jesse, die nervtötende Geschichtslehrerin, als Jeanne d' Arc auf dem Scheiterhaufen;
- Herr Flachkappes auf der Flucht vor den grauenvollen Zähnen Godzillas, denen er letztlich nicht entkommt;
- Frau Dr. Seelenweiß als Klofrau auf der Autobahnraststätte, der wir gnädig drei Pfennig Trinkgeld hinwerfen oder
- der schwergewichtige Herr Sennemoppel als Hilfsarbeiter im Straßenbau. Da fließt der Schweiß gleich eimerweise!

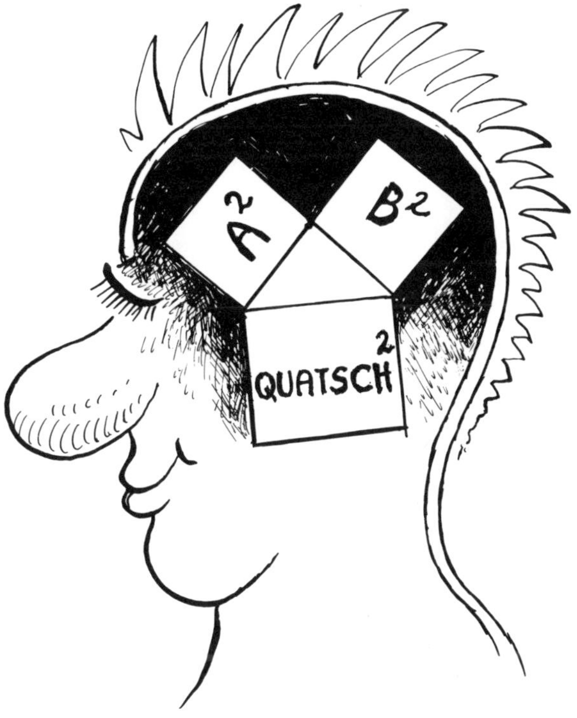

Rottet die Lehrer aus!

Um die Ecke bringen wollen wir die ganze Lehrer-Bagage besser nicht – zum einen besitzen wir als Nicht-Pädagogen etwas Kultur und schrecken deshalb vor derart brutalen Methoden zurück. Zum anderen ist uns damit auch nicht geholfen. Wie hört sich das denn an: Er starb im unentwegten Kampf für eine bessere Erziehung? Wollen wir sie zu Märtyrern machen, die miesen Dressur-Experten zu selbstlosen Kämpfern für die gute Sache hochstilisieren? Wohl besser nicht.

Nein, fangen wir es doch intelligent an. Die meisten Lehrer werden Lehrer, weil ihnen nichts besseres einfällt, fantasielos, wie sie nun einmal sind. Warum machen wir uns nicht die Mühe und stellen ihnen einmal Berufe vor, die ihrer Qualifikation mehr entsprechen?

Die sind nicht so leicht zu finden, in Zeiten der Arbeitslosigkeit? Weit gefehlt!

Warum, lieber Herr Studienrat, werden Sie nicht **Gespenst in der Geisterbahn?** Da sind Sie einerseits geistig nicht so maßlos überfordert wie in Ihrem jetzigen Berufsalltag und können, ganz ohne disziplinarische Folgen, jeden Tag hilflose kleine Kinder gleich zuhauf erschrecken! Und das wollten Sie doch immer, oder?

Warum, liebe Frau Grundschullehrerin-Hausfrau, suchen Sie sich nicht irgendwo einen Job als **Nervensäge**? In dieser Hinsicht sind Sie nämlich Spitze, was man (Pardon, selbstverständlich auch frau!) über Ihre Leistungen in Ihrem jetzigen Beruf nicht sagen kann ...

Warum, Herr Schulrat, nehmen Sie sich nicht einfach den Kleiderbügel aus der Jacke und gehen als **Kinderschreck**, denn Ihre Damen und Herren Untergebenen haben auch ohne Sie genügend Horror in der Schule, hochqualifiziert, wie Sie schon durch ihr Studium sind.

Als **Weihnachtsmann** können Sie wahrscheinlich nicht gehen, aber warum, Frau Professorin der Pädagogik, bemühen Sie sich nicht um eine Planstelle als **Märchentante**? Das Märchen, daß ein Studium der Pädagogik zur praktischen Arbeit in der Schule qualifiziert, nimmt Ihnen eh keiner mehr ab ...

Wie? Ach so, Sie haben schon anders disponiert und verleihen jetzt Horror-Videos. Schön, sehr schön. Gegen den Horror, den Sie und Ihre Kollegen bisher jeden Tag in der Schule angerichtet haben, ist das echt eine soziale Tätigkeit. Wir gratulieren!

Lehrerausflug – eine Horrorvision

Treiben wir zum guten Schluß den Lehrerhaß auf die Spitze. Welche Ängste skrupellose Lehrer in armen, hilflosen Schülern selbst noch im Nachtschlaf schüren, zeigt

Der Alptraum
des Gymnasiasten Ferdi G.

Eigentlich hätte ich gleich zu Beginn meines Traumes meinen bösen Ahnungen folgen und in den rettenden Hafen des wachen Verstandes zurückkehren sollen, aber nun ist es zu spät. Zu tief bin ich verstrickt in das Gespinst aus Blut und kaltem Grauen, zu sehr haben sie sich meiner Seele und meines Körpers bemächtigt, als daß ich noch zurück könnte.

Eigentlich hätten wir alle, die sieben Schüler des Gottlieb-Daimler-Gymnasiums in Stuttgart, hellhörig werden müssen, als wir zum Lehrerausflug eingeladen wurden. Leichte Hilfsarbeiten wurden uns angekündigt, doch der Hausmeister lächelte so merkwürdig ... Daß wir zu Lustobjekten, ja zu hilflosen Opfern werden würden, wer hätte das geahnt?

Alles begann recht alltäglich. Wir hatten als Bedienstete Speisen aufzutragen, Flaschen und Gläser herbeizutragen, mußten Wein und Bier nachgießen. Doch schließlich wählten sie einen höllisch scharfen Schnaps, tranken ihn gleich flaschenweise, und ein Glimmen trat in ihre Augen, ein boshafter Zug erschien um ihren Mund, wie wir ihn sonst nur von Klassenarbeiten her kannten. Vielleicht hätten wir noch fliehen können, als Dr. Hundsmann die ersten beiden von uns an die Säulen fesselte ... Doch wir blieben, hilflos, wie das Kaninchen Aug in Aug mit der Schlange, gelähmt vor lauter Schrecken ...

Nun ist es Mitternacht, und das Grauen regiert. Sieben splitternackte Schüler sind an die Säulen der von sieben Fackeln erhellten Halle gefesselt und winden sich unter den Hieben von sieben unbarmherzigen Rohrstöcken, die sieben starke Lehrerarme führen.

»Disziplin!« kreischt der Rektor mit teuflischem Grinsen zu jedem der sieben Schläge. »Selbstzucht! Mannesehre! Entsagung! Gehorsam! Eifer! Leistung!« Dann lacht er bodenlos böse auf, und der abgrundtiefe Baß des Mathelehrers dröhnt durch das Gewölbe. »Genug! Bringt jetzt den Kessel mit den Herzen!« Mit einem Krachen fliegt die Flügeltür auf, und in langen, blutüberströmten Schürzen treten Frau Jellenbach und Frau Dr. Golz ein, einen riesigen, dampfenden Kupferkessel vor sich herschiebend, in dem Schülerherzen zucken, frische, heiße Schülerherzen!

»Das Eis!« kommandiert der Direktor, und Herr Tonndorf, der Hausmeister, schiebt eine Stange Eis heran, das kalt ist, so kalt, daß ihm der Atem gefriert und die Luft an seiner Oberfläche zu grauweißem Reif erstarrt. »Ja, kühlt sie!« kreischt Frau Jellenbach. »Treibt ihnen dieses unverschämte, unerlaubte,

unzüchtige Glühen aus, diese widerwärtige Lebensgier!« Mit weiten Schlägen seiner Richtaxt schlägt Tonndorf nun das Eis in Stücke, wirft sie in den Kessel, wo es zischt und mörderische kalte Schwaden aufsteigen. Ein letztes Zittern, und das letzte der Herzen erstirbt, wird nie wieder vor Lebenslust beben ...

Wieder schwingt die Flügeltür auf, und diesmal sind es Frau Dr. Girlitz und Herr Wonneck, die feierlichen Schrittes eintreten. Sie tragen Kochmützen, und im Metall des großen Serviergefäßes, das auf einem Tablett über ihren Köpfen schwebt, flackern wild die Fackeln. Sie setzen ihre Last zu Füßen des Direktors ab, und Frau Dr. Girlitz hebt den Deckel, spricht mit feierlicher Stimme: »Voilá! Der gebratene Schüler!«

Horrorschauer laufen über die Rücken von uns armen Opfern, die wir noch immer an die Säulen gefesselt sind, und voller Schrecken sehe ich, wer dort auf dem Tablett liegt, fein parniert, mit Zwiebeln und Äpfeln angerichtet, einen besonders roten Apfel im Maul … Ich! Ich selbst soll das Mahl dieser grauenvollen Lehrerbande sein. Als der Direktor das Messer wetzt und mich anschneiden will, schwinden mir die Sinne …

»Ferdi, Ferdi! Aufstehen! Höchste Zeit!« ruft meine Mutter von unten. »Du schreibst doch heute den Pädagogik-Test! Ich hoffe, du hast gut geschlafen …«